Por qué

(... escribo)

Klaus Ebner

Por qué

(... escribo)

Edición e impresión: BoD – Books on Demand
info@bod.com.es – www.bod.com.es
BoD España, Madrid
Printed in the European Union
ISBN: 978-84-13266794

Índice

Mi agradecimiento a mi amiga María José Sánchez
Sanz por su revisión meticulosa.

La pregunta

Los escritores nos preguntamos siempre, de manera automática, *por qué* escribimos. He leído muchas veces esta afirmación, u otras similares, en varios artículos y comentarios, e incluso en la literatura filológica. Pero ¿es verdaderamente así?

Pensándolo bien, diría que, en realidad, lo que pasa es un poco diferente: no son los escritores mismos quienes, por alguna necesidad interna, se hacen esta pregunta, sino que son más bien las personas de su entorno —las lectoras y los lectores, los amigos y la familia, y, finalmente, los periodistas y estudiosos de la literatura— los que intentan descubrir cuál es la motivación o, como podemos leer a veces, la fuente de inspiración que hace posible que ciudadanos honrados lleguen a transformarse en autoras y autores.

La pregunta sobre por qué escribimos pide una justificación. Pero ¿por qué hay que justificar? Parece como si las escritoras y los escritores fuéramos personas desviadas de la sociedad, *outlaws*, soñadores irresponsables y unos locos. Bueno, admito que quizá sí que estemos un poquito locos, porque, desde un punto de vista objetivo, el hecho de seguir una vocación que casi siempre da mucho trabajo, pero de la que se obtiene bien poco dinero (y que sólo permite que una ínfima minoría de nosotros nos ganemos la vida), no encaja en ningún pensamiento económico o, simplemente, racional.

Yo nunca me he hecho la pregunta de por qué escribo. Escribir forma parte de mi esencia, es la expresión de mi personalidad y no me puedo imaginar la vida sin escribir, al igual que me cuesta imaginármela sin alguna de mis extremidades. Pero, naturalmente, a mí también me han hecho a menudo, esta pregunta. En el inicio, solía permanecer con la boca abierta (es decir, con cara de bobo), sin saber qué responder. Probablemente no entendía muy bien *qué* era lo que me preguntaban. Poco a poco, sin embargo, inicié un largo proceso de reflexión.

La pregunta sobre el porqué no es sencilla. Para acercarse y encontrar, finalmente, alguna respuesta sólida, es recomendable explorar con atención la evolución personal, es decir, en mi caso, cómo y por qué, desde un buen principio y a partir de la infancia, paulatinamente he llegado a ser la persona que hoy soy.

El inicio

Sin duda, todo comienza en la infancia. En este periodo no admito la pregunta del porqué, ya que muchas de las cosas que pasan durante la infancia no están sometidas a un control voluntario y muchas siguen siendo un misterio para siempre.

Mi talento para la lengua se manifestó muy pronto. Mi madre solía decir que yo ya hablaba haciendo frases completas y con fluidez cuando apenas tenía *un año*. Me cuesta tomarme esta afirmación al pie de la letra, probablemente porque no conozco ningún niño (y, aquí, incluyo a mis hijos) que haya tenido una competencia lingüística tan sorprendente a la edad de sólo un año.

Lo que sí recuerdo muy bien es que, durante los primeros años de vida, no escuché ningún tipo de dialecto ni de argot. Vivíamos en Viena, la capital austriaca, y para mis padres era importante que su hijo hablara *bien*, es decir, *según la lengua escrita*, que, a menudo, llamaban también —de manera incorrecta— *alto alemán*. (Mi familia ignoraba que pertenecen al alto alemán absolutamente todas las variedades, registros y dialectos del alto germánico superior e inferior, y que sólo difiere el bajo alemán, hablado en el extremo norte de la República Federal de Alemania.) En mi familia, nadie hablaba la jerga vienesa, y mis contactos esporádicos con los dialectos se reducían a las vacaciones familiares en Carintia (sobre todo al lago de Klopein), ya que mi estancia en el parvulario fue sólo de unas cuantas semanas y no tuvo ningún impacto formativo para mí.

Un día, cuando tenía cuatro o cinco años, mi madre corrió hacia mí por la escalera de casa (no recuerdo qué hacíamos allá) y me regañó porque había dicho una *palabrota*. Yo no sabía de qué hablaba, y tuvimos una discusión llena de reproches, réplicas y de curiosidad. Como no entendía la causa de su ira, le pedí que me dijera qué palabra era, porque sólo así sería capaz de decir si realmente había salido de mi boca. Me dio la impresión de que pasaba media hora (aunque no debieron ser más de diez minutos, como mucho) hasta que, finalmente, ella aflojó aquella *palabrota* (que, desgraciadamente, se me ha borrado de la memoria). Era la primera vez en la vida que la oía. Ya no recuerdo si era obscena o no, pero, en cambio, estoy seguro de que se trataba de una expresión dialectal.

La jerga vienesa pasó a formar parte de mi idiolecto en la escuela, pero sólo cuando estaba con los amigos o compañeros de clase. Porque siempre sentía que la jerga y el dialecto no pertenecían a mi lengua propia, sino que eran hablas extrañas, que, efectivamente, me veía obligado a utilizar, pero que rechazaba y detestaba. Tener la posibilidad y la obligación de hablar con los profesores *según la lengua escrita* era para mí como un rayo de esperanza y tenía un valor inmenso. (Es por eso por lo que rechacé, desde el primer día, a los dos maestros que tuvieron la ocurrencia de hablar en dialecto a la clase para hacer suyos a los alumnos; ellos me hicieron pagarlo poniéndome notas bajas.)

En el segundo curso de la educación secundaria, aún nada hacía prever que las lenguas extranjeras acabarían apasionándome. Mi primer examen escrito en inglés (una asignatura que al principio despreciaba, por supuesto) fue inolvidable. La pregunta era: *Does your friend speak German?* A pesar de mi falta de atención constante, a mí me había quedado claro que los nombres propios, en inglés, comenzaban con una mayúscula, y por eso escribí mi respuesta en el cuaderno sin dudar lo más mínimo: *Yes, German is my friend.*

A partir del primer curso de secundaria, teníamos latín. ¡Un fiasco durante seis años! Si no repetí ningún curso, fue sólo gracias al profesor de los cuatro últimos años, que debió adivinar mis talentos (entre los que, sin duda, no figuraba el latín) y me agarró por la oreja arrastrándome hasta el bachillerato.

Pero, entonces, durante las vacaciones que precedieron al tercer curso de secundaria, descubrí el francés. Y, como se suele decir: ¡Fue un amor a primera vista! A partir del primer año de educación francesa, dejé a los compañeros de clase muy atrás. Después, por mi cuenta, estudié otras lenguas romances. Aprender estos idiomas me producía un gran placer (un placer que aún siento hoy), y descubrir lenguas muy diferentes, también. En todos los idiomas me atraían las literaturas: las novelas y los cuentos de otras culturas, la poesía y las obras de teatro. Las diferencias que había en el uso de algunos conceptos literarios me sorprendían. Y, en poco tiempo, ya era capaz de enumerar una lista de nombres de autores, de los que mis compañeros no habían oído hablar nunca.

Los libros (I)

La jerga y el dialecto no forman parte de mi equipaje de autor, pero sí que forman parte, en cambio, la lengua estándar austriaca y la lengua escrita alemana. Empecé a leer libros muy pronto, en la escuela primaria, poco después de haber desarrollado una cierta capacidad de lector, también gracias a la insistencia de mi madre. Recuerdo que tenía una colección de libros juveniles con el lomo de color rojo oscuro. Era una colección de clásicos de la literatura, algunos de los cuales ya habían sido escritos por los niños, pero también había verdaderos monumentos de la literatura mundial, abreviados para los lectores más jóvenes y simplificados con respecto al lenguaje. Había títulos como *La isla del tesoro*, *Las aventuras de Tom Sawyer*, *Moby Dick* o *Los viajes de Gulliver*. No fue hasta años después cuando me di cuenta de que me habían nutrido (sin ningún propósito oculto) principalmente con traducciones de literatura escrita en inglés. Quizás aquella colección contenía también *Veinte mil leguas de viaje submarino* o *Pinocho*, pero no recuerdo ese detalle. Lo que sí me ha quedado grabado es que había un libro sobre un chico indio que vivía en los bosques de las Montañas

Apalaches, en el siglo XVII o XVIII, quien, en una prueba de valentía, se perdía y tenía que luchar por llegar a la edad adulta. Creo que no era un libro célebre, porque el título ha desaparecido sin dejar rastro en la niebla de mi infancia pasada.

Antes de cada Navidad hacía listas, en las cuales determinaba meticulosamente qué libro me había de regalar cada miembro de la familia. En el caso de mi tía abuela, yo ya sabía que tenía que elegir algo del catálogo de un club de libros; con respecto a los demás, podía actuar con más libertad. Normalmente, funcionaba bien: mis padres garantizaban que se cumplieran mis solicitudes. Creo que no tenía ni diez años cuando encargué así *Los cuarenta días del Musa Dagh*, de Franz Werfel. Pienso que lo que me cautivó fue la cubierta colorida del libro, porque entonces no podía leer ese volumen; aún tendrían que pasar décadas hasta que fuera capaz de hacerlo. Durante los últimos años de la escuela primaria, coleccioné los libros de Karl May, que consideraba muy famosos, pero de los que leí tan sólo los volúmenes que sucedían en América del Norte o del Sur. Cuando, un día, en un programa de televisión, descubrí que May era casi desconocido fuera de los países de habla alemana, me quedé perplejo.

En mis listas de deseos para Navidad había libros que no eran de ficción y también grandes clásicos de la literatura de todo el mundo. Cuando, alrededor de los quince años, junto con mi amigo Peter, descubrí la ciencia ficción angloamericana y vimos devorar una gran cantidad de títulos ingleses, ya era yo mismo quien compraba los libros (por suerte, los volúmenes de ciencia ficción eran bastante baratos). Paralelamente, sin embargo, crecía también en mí el deseo de escribir narraciones de ese género, y por este motivo mareé a los profesores de inglés y de francés, que me corregían (de buen grado) los escritos que hacía, repletos de historietas extravagantes (¡aunque sea un poco tarde, quiero hacerles llegar mi sincero agradecimiento!).

No sabría decir en qué momento empecé a interesarme por los libros más literarios. Sólo sé que me quedó grabada en la memoria mi primera lectura de *El proceso* de Kafka: no entendí casi nada, y me atormentó un texto aburrido, del que ni siquiera podía retener lo que había leído en las dos páginas anteriores. Hoy, sonrío y sacudo la cabeza, porque considero que *El Proceso* de Kafka es una de las novelas más grandes de la literatura universal.

Recuerdo muy bien que la literatura universal determinó también la asignatura de Alemán que cursé en bachillerato. Como mi lista de lecturas estaba tan llena de libros extranjeros (claro está que todos estaban traducidos al alemán), mi profesora me pidió que eliminara referencias e incluyera algo más de Goethe-Schiller-Stifter-Schnitzler, lo cual hice de mala gana. (Y tengo que decir que me decepcionó mucho, porque al final no me hizo ninguna pregunta sobre la literatura universal, que yo consideraba magnífica.)

En segundo de bachillerato, en Navidad, pedí a mis padres la nueva edición de la obra completa de Paul Celan. Al no encontrarla bajo el árbol, tuve una decepción enorme, pero callé, haciendo un esfuerzo doloroso. Aquella no fue una noche feliz para mí, hasta que mi madre, llevándome aparte, me reveló que la entrega de la editorial se había retrasado y me dio un vale (entonces, en secreto, me avergoncé de haber reaccionado como un niño llorón). Después de las vacaciones, contento como unas pascuas, me fui a una librería (que hoy ya no existe), situada cerca de la Catedral de San Esteban de Viena, para desenterrar mi nuevo tesoro.

Los zapadores

Es posible que me haya olvidado de mencionar un punto importante: hay muchos escritores que han escrito notas, ensayos o libros enteros sobre este tema. Es evidente que, los que escribimos, conocemos algunos de estos textos. Así pues —y es precisamente por eso por lo que hablo de olvido—, la pregunta del porqué también me llegó a través de la literatura. Durante los estudios de filología, ya cayeron en mis manos numerosos comentarios de autoras y autores que hacían referencia a este tema.

Uno de los primeros autores que vi que abordaba la pregunta de por qué escribir fue Jean-Paul Sartre. La obra de este escritor y filósofo ya me había gustado en mi período escolar. Me había leído de arriba abajo las obras de teatro y las novelas, me había iniciado también en su filosofía y había disfrutado de sus textos autobiográficos. Poco después, di con el libro titulado *Qu'est-ce que la littérature?* Devoré este ensayo más como autor en potencia que como estudiante (y, muchos años después, lo releí una segunda vez). De acuerdo con su concepción del existencialismo, Sartre defiende encarnizadamente la tesis de que no puede haber literatura sin compromiso (político) y que la literatura, cuando el compromiso no existe, no tiene ningún valor. En este ensayo, Sartre presenta ejemplos y demuestra el compromiso político o social de muchos textos contemporáneos, pero ataca también a los autores centrados sobre todo en el arte, provenientes del simbolismo o que mantienen decididamente la máxima de *l'art pour l'art*. Según Sartre, la literatura siempre se escribe para otros y, por tanto, no tiene ningún sentido poner el arte, en sí mismo, en el punto de mira.

El ensayo de Sartre me impresionó, sin duda. Halagó mis ideas juveniles y, hoy en día, cuando hojeo los escritos mediocres que me publicaron en las revistas literarias de entonces, me queda claro que en ese momento yo, de alguna manera, intentaba implicarme sociopolíticamente y quería expresar compromiso en mis escritos. Sin embargo, al leer ese ensayo, me quedó una sensación incómoda, porque no me gustó que Sartre condenara a toda una serie de autores (que, en muchos casos, yo apreciaba muchísimo). Con los años, cada vez estoy más convencido de que el *engagement* de Sartre puede ser *un motivo* para escribir, pero de ninguna manera el único y, sobre todo, no debe convertirse en una obligación.

Con el libro *How to write*, Gertrude Stein dio un salto adelante. Esta autora no formula la pregunta de por qué los autores escriben o deberían escribir, lo acepta sin comentarlo. Lo que hace, en cambio, es adentrarse en las técnicas de escritura y las herramientas lingüísticas que los escritores deberían interiorizar para llegar a producir buena literatura.

George Orwell se pasó toda su (breve) vida profundizando en el lenguaje político e ideológico. Su razón de escribir era el compromiso político, en la misma línea de Sartre, y el breve ensayo *Why I write* responde, brevemente, a la pregunta sobre por qué eligió este camino con sus experiencias de joven en las colonias británicas y, años más tarde, en la Guerra Civil española. Me parece que los comentarios de la escritora Montserrat Roig (muerta, también, demasiado prematuramente) tienen relación con la explicación que da Orwell, ya que ella atribuye su impulso de escribir a la opresión brutal en la cual la población catalana estuvo expuesta bajo el régimen de Franco. El escritor Josep Pla, catalán como ella, creó, a pesar de la dictadura fascista, una magnífica obra literaria. Seguramente debió sentir un impulso similar.

En el ensayo *Why write?*, Paul Auster afirma que comenzó a escribir casi por accidente, simplemente porque una vez, cuando tenía ocho años, intentó obtener un autógrafo de la estrella de béisbol que admiraba y no pudo conseguirlo, ya que no llevaba nada para escribir. Este autor comenta que, si te acostumbras a llevar un lápiz en el bolsillo, es muy probable que algún día te sientas tentado de usarlo, y que fue así como él mismo acabó convirtiéndose en escritor.

Veo que muchos de mis colegas encuentran una razón de peso para escribir; hay autores, como Sartre, que son capaces de fundamentar su obra desde un punto de vista teórico y, de este modo, justificarla.

Sin embargo, tengo mis dudas sobre este posicionamiento. No me puedo imaginar que algún escritor pueda crear literatura si en su personalidad no existe esta habilidad o predisposición desde el primer momento. Un autor puede producir sus textos más tarde o más temprano, pero no creo que se encuentre una causa o motivación completamente externa.

La escuela

¿La escuela influye en el desarrollo de un autor? Creo que esta pregunta se puede enfocar desde diferentes puntos de vista. Es indiscutible que aprendemos a leer y escribir en la escuela. La escuela nos familiariza con los libros y la literatura (al menos así era durante los años setenta y ochenta), y nos anima a interpretar cuentos y poemas. (Podríamos comparar la interpretación de la poesía con la actividad de la industria alimentaria: al principio, se separan los diferentes ingredientes y, a continuación, se vuelven a mezclar siguiendo una nueva receta.) Es evidente que las clases de alemán (o, en general, las de lenguas extranjeras) dejan huella, y los profesores de lenguas pueden promover un talento lingüístico y narrativo o, también, empeorarlo. Puedo decir con conciencia clara que mis profesores pertenecían al primer grupo, aunque ignoro hasta qué punto eran conscientes de eso.

Sin embargo, quisiera empezar por el inicio: tengo muy pocos recuerdos de la escuela primaria, por lo que he tenido que basarme en lo que me contaba mi madre sobre mi maestra de primaria, que parece que tenía un gran interés en sentar las bases para que sus alumnos alcanzaran una competencia sólida en alemán y una correcta ortografía.

Quizá fue en cuarto de primaria cuando, gracias a los envoltorios de chicle o de otras golosinas, conseguí un montón de adhesivos con imágenes para pegar en los cuadernos o en hojas (y, probablemente, también en otros objetos). No paré hasta que mi madre me compró una libreta de las que sirven para apuntar el vocabulario, con tres columnas, y, a partir de entonces, la convertí en mi secreto. A veces, por la noche, cuando ya estaba en la cama, escribía una historia breve en cada página, pegando los adhesivos que más se gustaban. Eran cuentos de piratas y chinos, de aventuras en el mar y de luchas contra los monstruos que entonces yo imaginaba que había en el océano. Cuando una de esas historietas era demasiado larga para una sola página, utilizaba una página doble; pero tenía que empezar siempre a la izquierda y seguir a la derecha, porque odiaba tener que girar página en el centro de la historia. Escribía cuidadosamente con tinta, con letra de imprenta, que en mi país se llama *Heinzelmännchenschrift* (que significa: escritura de duendes), a fin de que algún día la posteridad pudiera descifrar mi mala letra. Cuando me equivocaba y tenía que rectificar una palabra o bien eliminarla del todo, me enfadaba muchísimo, porque ya había empezado a desarrollar un cierto sentido de la estética. Mi intención era, definitivamente, escribir un *libro de historias muy bonito*.

Lamento muchísimo que el resultado de ese intento infantil de escribir no haya sobrevivido.

El hito siguiente, si podemos llamarlo así, fue durante el sexto curso de primaria. Me propuse escribir una obra de teatro para ensayar después con los compañeros de clase y representarla, finalmente, en el teatro de la escuela. Un maestro de alemán (¡que no era el mío!) aceptó supervisar los ensayos por la tarde, es decir, acompañarnos de manera oficial (aunque, en realidad, de vez en cuando, se dormía y le oíamos roncar muy fuerte). Compramos papel rizado, cola y cartulinas de colores para hacer disfraces de romanos y galos con los pocos recursos que teníamos. La obra trataba sobre los galos irreductibles de Armórica, quería poner en escena la idea básica de un álbum de Astérix, del que hice una copia torpe. Cuando, finalmente, terminé la pieza y la llevé a clase, tuve la primera decepción: mi obra sólo tenía tres páginas; es cierto que las hojas estaban repletas de letras minúsculas escritas con la máquina de escribir de mi padre, pero, después de todo, sólo ocupaba tres páginas, que se podían representar en el escenario, como máximo, en veinte minutos. Al verlo, mis compañeros pusieron unos ojos como platos y manifestaron su indignación. El profesor decidió que no quería pasar otra tarde en la escuela (ya que hacíamos demasiado ruido y no quería renunciar a un sueño bien merecido) y de esta manera el proyecto, finalmente, murió. Me supo muy mal, pero así, al menos, mi locura no se convirtió en un desastre mayor.

En el segundo curso de secundaria tuvimos una profesora de alemán diferente, que era nueva y todavía muy joven.

La profesora

Acababa de pasar el examen para obtener el título de profesora y empezó su carrera en nuestro instituto como enseñante de alemán y de matemáticas: Christine Hollmann. Tal y como se puede esperar de los profesores jóvenes, estaba muy comprometida y motivada. Creo que fuimos su primer curso, y así fue como se topó conmigo.

Aunque no había sido nunca mi estilo, durante las primeras semanas y meses de clases de alemán, me puse a actuar de una manera descarada, me comportaba de forma muy rebelde y mantenía una actitud arrogante. No escuchaba nada en clase, ignoraba a la profesora, no hacía los ejercicios y, cuando los hacía, pedía a mis compañeros de clase que se los entregaran en mi nombre. Quizás me sentía superior a aquella profesora que me parecía insegura, o tal vez, por una vez, quería ser el cabrón de la clase ... Sinceramente, no tengo ni idea de qué demonio me guiaba en aquellos momentos.

La señora Hollmann, a pesar de todo, perseveró. Me plantó cara con una objetividad bien profesional, escondiéndome la ira que sentía y, probablemente, también su desesperación. Incluso alabó la calidad lingüística de los ensayos punitivos que me hacía escribir, aunque yo me burlaba de ella constantemente en el recuento del número de palabras.

Y, finalmente —quizás con semanas de retraso, pero cuando aún estaba a tiempo—, hizo la única cosa correcta que se podía hacer en una situación como aquella: convocar mi madre a una reunión. ¡Y resulta que yo tenía un miedo terrible de mi madre (aunque la profesora no podía saberlo todavía)!

Recuerdo perfectamente el día en que mi madre fue a verla. A última hora nos tocaba la profesora Hollmann y ella vino a despedirnos en el vestíbulo. Como, pensando en la reunión, tenía dolor de estómago, me dirigí a ella y le pregunté, un poco encogido, por la reacción que había tenido mi madre. En lugar de responderme, ella me miró de una manera bastante emocionada (creo que casi me habría abrazado) y dijo: «Estimado Klaus, ¡por fin me hablas!»

A partir de aquella conversación, mi comportamiento estrafalario se acabó. Al poco tiempo, ni yo mismo era capaz de explicarme las causas de aquel inicio de curso fracasado. Pero, como en mis años de instituto, durante bastante tiempo, la señora Hollmann tuvo fama de ser una profesora bastante estricta, me preocupaba pensar que tal vez yo le había hecho la puñeta con mis ocurrencias. (Hoy me consta que ha mantenido su compromiso y su personalidad acogedora.)

¿Por qué cuento todo esto? Pues porque debo a esta profesora cinco años de una formación excelente en lengua alemana. A pesar de que entonces me distraía a menudo, recuerdo que después, mientras cursaba estudios de filología germánica, muchas veces pensé: «Uf, ¡eso ya lo había oído en alguna clase de alemán!» Aquella profesora nos enseñó historia de la lengua y nos dio una pequeña introducción al alto alemán medio; y, en cuanto a la literatura, permitió que me desahogara y eligiera los temas de las presentaciones con una libertad casi absoluta.

Gracias a esta profesora de alemán, mi amigo Peter y yo tuvimos noticia de unas convocatorias literarias dirigidas a los jóvenes: *Junge Literatur aus Österreich* (Literatura Joven de Austria), de la editorial *Österreichischer Bundesverlag*. Inicialmente, se trataba de votar a los mejores textos de la clase (para obtener, con un poco de suerte, un premio para todo el grupo), pero, tanto Peter como yo, enseguida tuvimos claro que enviaríamos también nuestros propios escritos.

Teníamos diecisiete años, y hasta entonces sólo habíamos escrito cuentos de ciencia ficción llenos de exageraciones, y anécdotas extrañas, sobre todo para los deberes y los exámenes. Ahora mismo no recuerdo cómo fue concretamente, pero diría que fue aquel concurso literario que nos anunció la profesora de alemán el que marcó en mí el inicio de una producción literaria propia permanente y seria. Es evidente que entonces me quedaban muchas cosas por aprender y que todavía tenía que recorrer un largo camino (un camino que, entonces, me era del todo desconocido). El *Premio Literario para Jóvenes* del banco austriaco Erste Österreichische Spar-Casse, que me fue concedido por una novela corta en otoño después de terminar el bachillerato —principalmente gracias a la intercesión del crítico y miembro del jurado Hans Weigel—, fue un pequeño paso (o, más bien, un tropezón) hacia mi vida de autor, lo que aún no comprendí en ese momento.

Los libros (II)

Inicialmente, quería estudiar Interpretación. Me decanté por la Traducción después de darme cuenta de que ni siquiera era capaz de repetir sin alteraciones un texto hablado en la radio –tenía, entonces, unas condiciones pésimas para la interpretación simultánea. En cambio, sobresalía en el lenguaje escrito. En el segundo año de carrera me matriculé en Inglés y Filología Románica, pero pronto abandoné la Filología Inglesa, elegí el Francés como especialidad principal (facultad de Románicas) y me matriculé también en Alemán (facultad de Germánicas) como especialidad secundaria. Hice estos estudios adicionales por mi cuenta, porque en la facultad de Traducción e Interpretación no se tocan los textos literarios. Se traducen textos especializados de Economía, Derecho y Tecnología, y quizá también artículos de Humanidades, que incluyen aspectos filológicos, pero nunca obras literarias.

En los estudios de Románicas y Germánicas pude estudiar Literatura de manera regular, continué haciendo crecer, con mucho interés, mi biblioteca —añadiendo, a partir de entonces, títulos de la literatura francesa—, y, por otra parte, escribí también mis propios textos.

Mientras los autores existencialistas pasaban a un segundo plano, descubrí la escuela del *Nouveau Roman*, y sentí una especial predilección por los libros de Alain Robbe-Grillet. Descubrí a André Gide, de quien me encantó la primera novela, *Paludes*. Los profesores de Románicas me hicieron conocer sus diarios, y comprendí que la obra tardía de este autor, *Thésée*, era una perla lingüística. La prosa de Nathalie Sarraute, en cambio, me parecía dificilísima y casi ilegible, y pasaron muchos años antes de que pudiera disfrutar del arte de su lenguaje finamente cincelado.

La lista de nombres es tan larga, que casi no puedo retenerlos todos. Sospecho, sin embargo, que la literatura francesa es la que influyó más claramente en mis escritos.

Por mi segunda lengua, descubrí la puerta de acceso para iniciarme en la literatura italiana: Cesare Pavese, y las novelas lingüísticamente complejas de Carlo Emilio Gadda. Con todo, fue Italo Calvino quien se convirtió en mi autor favorito: una conferencia en la facultad me llamó la atención sobre el gran libro *Se una notte d'inverno un viaggiatore* (que consiste únicamente en varios inicios de novela), y hoy todavía me gusta hojear y leer las narraciones científico-extrañas de las *Cosmicomiche*.

La asociación

La asociación literaria se constituyó sin que yo interviniera; aún así, Peter hizo por que yo participara casi desde el principio. Éramos un grupo heterogéneo de jóvenes que no solamente escribíamos, sino que también queríamos publicar nuestros textos. La asociación también editaba la revista literaria TEXTE: páginas y bloques de texto mecanografiados con máquina de escribir, pegados a una hoja de plantilla, que copiábamos y grapábamos varios cientos de veces. Por supuesto, todo el trabajo se hacía manualmente. Los escasos libros y folletos que enseguida publicábamos también los elaborábamos de manera absolutamente manual.

Los textos que publicábamos de esta manera me producen, hoy, mucha vergüenza: sin hacer ninguna corrección lingüística, con faltas, a veces incluso con unos contenidos que hacen reír. Como teníamos que entregar obligatoriamente ejemplares de cada uno de los títulos publicados en la Biblioteca Nacional de Austria, ahora no podemos hacer desaparecer aquellas aberraciones juveniles.

Además de los cuentos y poemas que publiqué (que no se parecen en nada a los textos que escribo hoy), también escribí novelas y obras de teatro en aquella época. En total, acabé cuatro novelas. Afortunadamente, no ha quedado nada, pero aquello me permitió aprender qué significa planificar, elaborar y llevar a cabo una obra larga en prosa como es una novela. Aquellas obras probablemente sirvieron para demostrarme a mí mismo que *sí era capaz* de escribirlas (mientras que los dramas se convirtieron más bien en un drama y demostraron que *no era capaz*).

Escribíamos textos comprometidos (a Sartre, le habrían gustado). Escribimos con desazón contra la guerra, a favor de la igualdad de derechos de las mujeres, contra la violencia y en favor del medio ambiente (una reivindicación que, en aquella época, apenas daba los primeros pasos). Creímos que con nuestros escritos podríamos mejorar el mundo, y nos regodeábamos entre la ingenuidad y la prepotencia. En fin, tal vez habría podido llegar a salir algo bueno de todo aquello.

Finalmente, empecé una nueva novela. Pero trabajé sólo hasta 1987, porque fue el año en que, de repente, todos mis proyectos, planes y sueños quedaron parados.

La interrupción

1987 fue un año de cambios. Cuando ya estaba en la última etapa de los estudios universitarios, empecé a trabajar como traductor autónomo (curiosamente, me salían pocas traducciones de mis idiomas principales, el francés y el italiano, con más frecuencia traducía textos del portugués y del inglés). Nuestra asociación literaria estaba a punto de disolverse y los compañeros de las últimas actividades que habíamos llevado a cabo se encaminaban hacia profesiones completamente diferentes. Me compré el primer ordenador (un PC con procesador 8088 y un disco duro de 20 MB [!], que a la sazón me pareció absolutamente sobredimensionado) porque me daba cuenta de que, para ofrecer servicios de traducción profesionales, necesitaba un procesador de textos. Pero el cambio más importante fue el nacimiento de mi primer hijo.

De repente, obligado a mantener una familia y consciente de que mis ingresos literarios anuales ni siquiera daban para sobrevivir durante una semana, me enfoqué hacia otras áreas; para la editorial Data Becker escribí un libro sobre el tratamiento de textos, un tema que cada vez dominaba más, y, poco después, empecé a dar clases de este software en un centro de formación. El papel de padre, que era nuevo para mí, al principio fue relativamente laborioso, y lo que quedó a medio camino fue: la Literatura.

Decidí dejar de escribir. Bueno, eso es lo que yo creía. La expresión *de momento* me venía constantemente a la cabeza, y, aun así, intentaba ignorarla. Me decía a mí mismo que a partir de 1987 ya no habría más textos míos. Esto también era lo que yo creía. Porque, visto en retrospectiva, no fue exactamente así. Por supuesto, se acabaron las narraciones, los cuentos y, sin duda, las novelas. Enterramos la asociación literaria sin hacer ruido y yo perdí los pocos contactos que había hecho. Con todo, lo que me quedó de aquella época —y nunca he podido erradicar— fue la impresión de que ¡yo, en realidad, era escritor!

De lo que ya no estaba tan convencido era de mi otra actividad, que ahora considero una especie de acto sustitutivo. Me puse a escribir libros y artículos sobre informática para revistas especializadas de Austria, Alemania y el Reino Unido —estos últimos, en inglés. Libros sobre procesadores de textos, hojas de cálculo y composición por ordenador (llamada con la sigla DTP). Ciertamente, todo esto no tiene nada que ver con la escritura, es decir, con la escritura literaria, estrictamente hablando. ¿O quizá sí? Bueno, durante cinco años no me dediqué a escribir ningún texto literario, y eso me hizo sufrir mucho. Estaba rodeado de los textos que escribía sobre informática y no reconocía ninguna conexión con la literatura. No fue hasta mucho más tarde cuando entendí que esta actividad reforzó y agudizó mis habilidades como escritor. (Cuando recibes el encargo de presentar un paquete ofimático en quince líneas exactas para la estrecha columna de un diario, aprendes a dominar la lengua automáticamente, y ya no aceptas volver atrás.)

Hice varios intentos de volver a escribir literatura, incluso me vino la idea de componer algunos cuentos humorísticos sobre el mundo de los ordenadores y ofrecérselos a una editorial especializada en informática. Pero aquellos intentos se quedaron en nada, y el papel acabó tan vacío como mi cabeza.

De aquella época conservo sólo algunas notas que, años después, pasaron a formar parte de mi diario literario.

Corría el año 1992 y mi hijo ya tenía cinco años. El muro de Berlín había caído y yo me ganaba la vida como instructor de softwares. Un día me quedé trabajando hasta tarde, por la noche, probablemente preparando un nuevo curso. Poco antes de medianoche, apagué el ordenador y me fui al baño. Me notaba extraño: parecía como si me sucediera algo, tuve la impresión de que un flujo de aire me pasaba por los dedos. Después de cepillarme los dientes, el corazón comenzó a latirme con más fuerza, pero, a pesar de todo, me fui a dormir. Y, de repente, tuve todo ante mis ojos: el salto, el ascenso, la Torre Eiffel debajo de mí ... Sentí los rayos del sol en las mejillas y el aire suave que se deslizaba por mis manos y me pasaba entre los dedos.

Febril y, sin embargo, sin hacer ruido (para no despertar a mi familia), salté de la cama, y, ya en la sala de estar, escribí a un ritmo trepidante una página entera de notas. Al volver a la cama, me quedé despierto durante horas. Al día siguiente, me clavé detrás del ordenador y escribí una narración de varias páginas sin ninguna interrupción. Un fallo del sistema (antes de que hubiera guardado el documento) estuvo a punto de provocarme un ataque de nervios y tuve que volver a empezar desde cero.

Con una excitación que nunca antes había experimentado, surgieron de esta manera tanto la narración *Höhenflug* (*Vuelo de altura*) como el juramento de no volver a abandonar la literatura nunca más.

Los libros (III)

Volvemos una vez más a los libros. Los libros me acompañan siempre, de año en año, de década en década. Pero lo que leo va cambiando. No tiene que ver sólo con la edad, sino también con todo lo que atrae mi atención y que me interesa por diferentes motivos (de carácter privado o profesional). A principio de los años 2000, concretamente el 2001 y el 2002, tuve la magnífica oportunidad de participar en unas conferencias técnicas de Microsoft en nombre de la empresa donde trabajo para ganarme la vida. Aquellas conferencias tuvieron lugar en Barcelona.

Había empezado a aprender la lengua catalana cuando tenía diecisiete años. Mientras estudiaba Románicas, me interesé por la Cultura Catalana, que, en aquellos momentos, en la universidad, era una materia secundaria. Para el trabajo final de diplomatura elegí un tema vinculado con los Países Catalanes, aunque tuve que escribirlo en francés.

En el tiempo libre que me quedaba después de asistir a aquellas conferencias informáticas, me dediqué a pasear por la capital catalana y a entrar en todas las librerías que encontraba. Me maravillaba que tuvieran horarios de apertura mucho más amplios que en Austria (habitualmente tenían abierto hasta las nueve o las diez). Mi nivel de competencia lingüística era bastante rudimentario, a pesar de los esfuerzos de mi amigo Joan, profesor, que me había proporcionado mucha información y material de aprendizaje desde Cataluña. Cuando volví de Barcelona, llevaba en la maleta un total de cincuenta libros, la mayoría de literatura catalana contemporánea, pero también algunos sobre temas políticos, culturales y de Derecho.

Esto solo, sin embargo, no significaba nada; quizá únicamente que el espacio disponible de los estantes de casa disminuyó sensiblemente.

Pero al cabo de dos años y medio ya me había leído todos aquellos libros, más de siete mil páginas. Esta lectura, que inicialmente no había sido planificada, no sólo me proporcionó una competencia lingüística sólida, sino que también fue el fundamento de mi producción poética en catalán, que empezó de manera espontánea poco después.

Mi biblioteca crecía. Uno de los protagonistas de una novela mía, cuando habla, con humor, de sus libros preciados, se refiere a su primera, segunda y tercera biblioteca. Yo no los he llamado nunca de esta manera, pero admito que sería una manera adecuada.

Los catalanes

Sucedió de noche. (Claro que era oscura: ¡las noches suelen ser oscuras!) Cuando me fui a la cama, no podía dormir y me venían a la cabeza varias palabras y fragmentos de frases: eran palabras en catalán.

Volví a encender de nuevo la luz, saqué del escritorio un bloc pequeño de notas y anoté con lápiz el fragmento de la frase que me bailaba por la cabeza. Y luego, otro. Y otro más.

¿Como podría explicarlo?... Miré las rayas de la hoja y las rayas me miraron a mí. Y, cuando hacía ya un rato que nos mirábamos recíprocamente, murmuré: «Vaya, ¡pero si esto es un poema!».

Durante los días siguientes fui tomando otras notas como aquella. Era del todo consciente de que la lectura intensiva en lengua catalana de los últimos meses había tomado vida propia en mi cerebro. Palabras y frases concretas, que había leído en alguna otra parte, se combinaban entonces para convertirse en algo nuevo, con lo que aún no sabía qué hacer. De momento, decidí, simplemente, ir guardándolo todo. Al cabo de unas semanas, ya tenía un documento de más de cien páginas. Constaba de diferentes escritos, divididos en tres secciones. La primera de estas secciones constaba de unos poemas muy cortos, casi como si fueran haikus; la segunda estaba formada por historietas y eventos breves inconexos, y, en la tercera, se reunían textos inspirados en la contemplación de las tres ciudades que, en cierto modo, determinaban mi vida: Viena, París y Barcelona.

Aunque indeciso sobre el camino que debía tomar aquella colección de textos, decidí pedir consejo. Contacté con mi amigo catalán, Josep, un escritor de renombre, y le pregunté su opinión. Le pedí que no tuviera pelos en la lengua y que, si creía que mis escritos eran un coñazo, me lo dijera abiertamente.

Pero no dijo nada de eso. Al contrario. Para mi sorpresa, los poemas le gustaron, especialmente los breves, que no llevaban título. Las correcciones que hizo al documento aún me sorprendieron más, porque, curiosamente, eran muy pocas. Marcó errores en uno de cada cuatro poemas —alguna falta de ortografía, alguna palabra incorrecta o alguna expresión incomprensible— y, el resto, lo dejó intacto.

Casi ninguno de estos poemas sobrevivió. Reproduje algunos en mi primer poemario, pero modificados, y, todo lo demás, lo borré. Josep (conocido como J.N. Santaeulàlia) escribió un prefacio para mi primera obra en catalán, *Vermells* (*Rojos*). Conseguí que una editorial de la Cerdaña me publicara el libro en una edición bilingüe, ya que yo añadí la traducción al alemán. (Tuve la idea de publicar el poemario con la traducción, porque me pareció que quizás así podría ofrecerlo también en Austria y Alemania. ¡Qué sorpresa, sin embargo, fue comprender cómo era de difícil traducir mi propia poesía a mi propia lengua materna!)

Sin las reacciones de los catalanes, mi obra probablemente no habría pasado de ser un experimento osado y temerario. Pero el libro provocó un poco de revuelo. Yo mismo contacté con el diario AVUI y el editor jefe pidió enseguida a una sus colaboradoras que escribiera un artículo sobre mí. Tras mantener un breve contacto por correo electrónico, en el que intenté dar respuestas precisas a sus preguntas (por supuesto, estaba la de «*por qué* escribo en catalán»), el artículo apareció en la sección de cultura del diario y, cuando lo vi, me quedé sin palabras: Era una página entera de gran formato y había una foto mía gigante (cosa que me hizo sospechar, enseguida, que la redactora no había querido escribir mucho). Al día siguiente, contactó conmigo la redacción de la emisora *Catalunya Radio*. Me llamaron por teléfono. Parece (tal como confirmó más tarde mi editor) que habían intentado ponerse en contacto conmigo de diferentes maneras porque querían hacerme una entrevista en una tertulia muy popular en el programa de la tarde. En directo y ese mismo día. Recuerdo muy bien los nervios que pasé, pero el moderador lo tenía todo bajo control, hablaba de tal manera (iba un poco más lento y pronunciaba las palabras con claridad) que entendí sin ningún problema todo lo que decía, y pude responder todas las preguntas que me hizo. (Más tarde, por correo electrónico, confesé a la redacción que había temblado de nervios, y que al terminar me había tenido que cambiar la camiseta, porque había quedado empapada de sudor.) Al poco tiempo, un diario en línea publicó una reseña de mi libro, escrita por una poeta amiga, Marta Pérez i Sierra, y unos meses después me enteré por casualidad de que en la prestigiosa *Enciclopèdia Catalana* había un artículo sobre mí.

En mi caso, *una* causa importante de por qué escribo es el entusiasmo de los catalanes por aquel libro que escribí en catalán, un entusiasmo que estimuló muchísimo mi motivación.

Desde aquel momento, me pareció que no había ninguna razón para detenerme, y continué escribiendo poemarios. Por supuesto, seguía teniendo dudas sobre la calidad lingüística y literaria de mis poemas. ¿Por qué? Pues, hablando en claro: Soy muy consciente de que muchos catalanes se sienten halagados por el hecho de que yo, un no-catalán sin ningún vínculo familiar con los Países Catalanes, escriba poemas en catalán, una lengua bajo una fuerte presión política y casi desconocida en el contexto internacional. De modo que sospeché que pudiera ser que elogiaran y apreciaran mi poesía sólo por esta razón. Hasta que, años más tarde, concretamente en 2014, gané el Premio de Poesía *Parc Taulí*. Mi original, por tanto, había sobresalido entre todos los que habían presentado los otros escritores, hablantes de catalán nativos. A partir de ese momento, ya no había ninguna excusa, y tuve que aceptar el razonamiento de que, si mis poemas no hubieran tenido suficiente calidad, no me habrían otorgado un premio literario.

La respuesta a la pregunta de por qué escribo poesía en catalán me parece compleja y, sobre todo, no muy fácil de entender. Lo que surgió más o menos por casualidad y a partir de mis hábitos de lectura en una lengua extranjera, tuvo un impulso tan grande por la reacción entusiasta de los lectores catalanes, que esta actividad más bien insólita, en el caso de un austriaco como yo, forma ahora parte integrante de mi producción literaria. Actualmente, además, encuentro mucho más fácil componer poemas en catalán que en alemán. Parece extraño y, ciertamente, lo es. Pero tal vez tiene que ver con el hecho de que, tal como dijo el irlandés Samuel Beckett (que se encontraba en una situación similar, con dos lenguas), con mi lengua extranjera me muevo con mucha más libertad, informalidad y, en cierto modo, con más valentía.

El porqué

Pero, volvamos a la pregunta del porqué. ¿Es adecuada? Responder, simplemente, «porque tengo que hacerlo», suena muy banal. Y la banalidad y la trivialidad son, precisamente, los reproches que se me hacen cuando lo digo de esta manera.

Puede ser que esta necesidad, el tener que escribir, suene banal. Ahora bien, ¿no puede ser que haya muchos más escritores con esta misma convicción?

En toda la historia de la literatura nos encontramos siempre con que los autores sienten una necesidad de escribir, son incapaces de dejarlo y, en cierto modo, se sienten impulsados a hacerlo. Franz Kafka llegó a comparar el hecho de escribir con una enfermedad incurable.

A veces, los autores tienen que luchar contra el bloqueo del escritor (que es otro lugar común en el mundo literario), pero de ninguna manera se proponen dejar de escribir. Y si intentan dejarlo correr y se proponen de verdad hacerlo, se darán cuenta muy deprisa, como yo, de que no son capaces. A los que escriben, les cuesta mucho dejar de hacerlo. Los escritores saben hacer muchas cosas, pero hay una que no saben hacer: dejar de escribir. (Siempre que sé de alguien que ha conseguido dejarlo, tengo mis dudas sobre si se había planteado seriamente el dedicarse a la literatura.)

La evolución de los escritores no conoce normas. Cada uno difiere de los demás tanto en cuanto al proceso evolutivo, como con respecto a los procesos creativos y lo que conocemos como inspiración. Cuando intentamos averiguar la motivación de cada autor, o bien hacemos nuevos descubrimientos cada vez, o bien el resultado es del todo ineficaz porque las pruebas que obtenemos son demasiado pobres.

Nunca he considerado necesario tener que llevar conmigo un cuaderno (o un bloc de notas) y un bolígrafo. Creo que es exagerado pensar que la sola presencia de estos utensilios pueda desencadenar un proceso de escritura literaria. En mi caso, más bien tengo el problema de que muchas de las ideas me llegan justamente cuando no puedo anotarlas: cuando estoy en la ducha, desnudo y mojado, o cuando voy de camino hacia alguna parte y no puedo escribir, o bien cuando estoy en una reunión importantísima de la empresa donde trabajo. A menudo, las ideas que tengo se desvanecen —y eso me entristece (y me fastidia)— y sólo vuelven a mí en algunos casos. Quizás es por mi memoria, de la que no me puedo fiar *siempre*; o tal vez es que las ideas que desaparecen y no vuelven no tienen ningún valor, bien mirado, y, por tanto, no vale la pena recuperarlas.

En el fondo, la pregunta del porqué no me gusta nada de nada. Me parece tenaz, viscosa y repugnante. No sé —y probablemente no puedo entender— por qué se hace esta pregunta. Por otra parte, está claro que ella me perseguirá siempre y que me la harán en cualquiera de los lugares en los que intento pasar desapercibido. El porqué, pues, es un compañero de viaje indeseado que estoy obligado a soportar. Durante toda la vida.

¿Y entonces?

Escribo porque es así como me expreso. Escribo porque es así como me muestro como persona y como miembro de nuestra sociedad. Escribo porque tiene que ser así. Escribo porque la tierra gira alrededor del sol, los otros planetas hacen lo mismo, y la estrella alrededor de la cual damos vueltas se mueve por la Vía Láctea, porque el número y las dimensiones de los cuerpos celestes superan, de lejos, nuestra capacidad mental y sabemos tan pocas cosas sobre todo eso.

Escribo porque soy.

Klaus Ebner nació en 1964 en Viena, Austria. Es narrador, ensayista, poeta y traductor. Aunque la mayor parte de su obra está escrita en alemán, también escribe poemas en catalán.

Ha obtenido diferentes premios de literatura, entre los que destacan el premio Wiener Werkstattpreis en 2007, el segundo premio de microrrelatos de la asociación Österreichischer Schriftstellerverband en el año 2010 y el Premi de Poesia Parc Taulí en 2014, con el poemario *Blaus* (*Azules*).

La autotraducción de ese libro es su primera publicación en lengua castellana.

www.klausebner.eu